BEI GRIN MACHT SICH IHR WISSEN BEZAHLT

AF141561

- Wir veröffentlichen Ihre Hausarbeit,
  Bachelor- und Masterarbeit

- Ihr eigenes eBook und Buch -
  weltweit in allen wichtigen Shops

- Verdienen Sie an jedem Verkauf

Jetzt bei www.GRIN.com hochladen
und kostenlos publizieren

Michael Sturmberg

Der Beitrag kommerzieller Fernsehsender zur Entwicklung des seriellen Fernsehkrimis

GRIN Verlag

Bibliografische Information der Deutschen Nationalbibliothek:

Die Deutsche Bibliothek verzeichnet diese Publikation in der Deutschen National-
bibliografie; detaillierte bibliografische Daten sind im Internet über http://dnb.d-
nb.de/ abrufbar.

Impressum:

Copyright © 2002 GRIN Verlag GmbH
Druck und Bindung: Books on Demand GmbH, Norderstedt Germany
ISBN: 978-3-638-93423-7

Dieses Buch bei GRIN:

http://www.grin.com/de/e-book/11873/der-beitrag-kommerzieller-fernsehsender-
zur-entwicklung-des-seriellen-fernsehkrimis

GRIN - Your knowledge has value

Der GRIN Verlag publiziert seit 1998 wissenschaftliche Arbeiten von Studenten, Hochschullehrern und anderen Akademikern als eBook und gedrucktes Buch. Die Verlagswebsite www.grin.com ist die ideale Plattform zur Veröffentlichung von Hausarbeiten, Abschlussarbeiten, wissenschaftlichen Aufsätzen, Dissertationen und Fachbüchern.

Universität Siegen
Medien-Theorie (A1)
PS „Der serielle Fernsehkrimi in Deutschland"
SS 2002

Der Beitrag kommerzieller Fernsehsender zur Entwicklung des seriellen Fernsehkrimis

Ausarbeitung zum Referat vom 11. Juli 2002

Michael Sturmberg
Integrierter Diplomstudiengang Medien-Planung, -Entwicklung und -Beratung
2. Semester

Inhalt

1. Anfänge im Bereich Serien bei RTL und SAT.1

1984 wurde in Deutschland das „Duale Rundfunksystem" gegründet – Startschuss für private Sender wie RTL und SAT.1. Das duale Rundfunksystem ist vor allem durch das Wettbewerbsverhältnis zwischen den kommerziellen und öffentlich-rechtlichen Sendern geprägt. Durch das Bundesverfassungsgericht und durch die einzelnen Bundesländer wurden viele gesetzliche Regelungen getroffen, die das Verhältnis zwischen privaten und öffentlich-rechtlichen Sendeanstalten regeln. Schon früh wurden auch Serien zum festen Programm- und Erfolgsbestandteil der kommerziellen Sender. Speziell im Bereich des Genres Serienkrimi ließen sich seitdem rasante Entwicklungen beobachten, hatte der Krimi im deutschen Fernsehen doch schon lange vor der Gründung privat-kommerzieller Sendeanstalten an Bedeutung im öffentlich-rechtlichen Programm gewonnen. Durch die allgemeine Unterhaltungsorientierung, die die neuen Sender ins Leben riefen, gewann der Krimi im deutschen Fernsehen in den 90-er Jahren abermals an Bedeutung und löste einen wahren Boom aus, in dem die Sender mit ihren Krimiserien neue Trends setzen konnten.

1.1 Kaufproduktionen aus den USA

Bei Kauf- oder Lizenzproduktionen werden die Rechte an der Ausstrahlung des bereits produzierten oder noch zu erstellenden Filmwerkes gekauft. Hierbei werden in einem Vertrag Verwertungsart, Zeitperiode der Verwertung, die Anzahl der eingeräumten Ausstrahlungen, das Verbreitungsgebiet und der Lizenzpreis genauestens festgelegt (Winter, 1999, S. 94).

Betrachtet man die Serien in den ersten Jahren der kommerziellen Fernsehsender, so stellt man fest, dass es sich hierbei größtenteils um Kaufproduktionen aus den USA handelte. Dies lag vor allem daran, dass der Etat für Eigenproduktionen zu klein war (Wehn 1998, S. 21). Daher konnten anfänglich allenfalls Game- und Talkshows, wie z.B. „Der Preis ist heiß" (RTL), von den Sendern selbst produziert und ausgestrahlt werden. Zugleich war dies der erste Versuch mit solchen Formaten ein eigenes Image bzw. eine eigene Programmfarbe zu entwickeln.

1984 startete RTL mit einem Gesamtetat von 20 Millionen DM, inklusive Technik, Personalkosten und der benötigten Rechte. Ziel war es, durch neue, aber auch vor allem kostengünstige Fernsehangebote eine eigene Zuschauerschaft aufzubauen und das junge Kinopublikum anzusprechen (Wehn 1998, S. 21). Im Gegensatz zu den öffentlich-rechtlichen mussten die privaten Sender sich allein aus Werbeeinnahmen finanzieren, denn diese stellten damals wie heute die wirtschaftliche Grundlage dar. Der Verkauf von Sendezeit an werbungtreibende Wirtschaftsunternehmen (Spotwerbung) ist zu 90 Prozent die Einnahmequelle der privaten Sender. Somit war die Programmpolitik klar vorgegeben – sie musste sich am Interesse der Zuschauer orientieren.

1.2 Eigenproduktionen

Schon 1985 verbreitete RTL sein Programm über Satellit und war nun (zumindest theoretisch) in der Lage ein Millionenpublikum zu erreichen. Mit dem Fall der Mauer und der Einspeisung in die Kabelnetze erhöhten sich die Zuschauerzahlen enorm. In der Zeit von 1986 bis 1996 erlebte das Privatfernsehen durch die Entwicklung dieser technischen Strukturen seinen enormen Durchbruch. 1996 näherte sich RTL mit 94,7 % schon der 100 %-igen Reichweite von ARD und ZDF (Straßer, 2000, S. 14). Anfang der 90-er Jahre konnten die Privatsender so schon schwarze Zahlen schreiben.

Aus zwei Gründen trennte man sich nun weitestgehend von den bisher ausgestrahlten amerikanischen Kaufproduktionen: die Preise für derartige Filme und Serien waren erheblich gestiegen und das Image der Sender sollte nicht nur verbessert sondern noch prägnanter werden. Es wurde ein eigenes Sende- und Senderprofil angestrebt. Dass Eigenproduktionen ohnehin von den Zuschauern besser angenommen wurden, hatte man bereits mit den eigenproduzierten Talk- und Gameshows festgestellt. Im Gegensatz zu den Kaufproduktionen besaß man bei den Eigenproduktionen auch Beeinflussungsmöglichkeiten auf die inhaltliche und visuelle Gestaltung der Produktionen.

Die ersten größeren Eigenproduktionsabteilungen wurden nun eingerichtet was den privaten Sendern bis zu diesem Zeitpunkt aus finanziellen Gründen nicht möglich gewesen war. Es entstanden die ersten deutschen Auftragsproduktionen.

> Eigenproduktionen erzielen höhere Einschaltquoten als ausländische Kaufproduktionen, sind gut für das Senderimage und stellen – bei stark gestiegenen Programmpreisen und kürzeren Lizenzzeiten – eine Kapitalanlage dar. (Wehn 1998, S. 2)

Der Sender RTL startete mit seiner ersten eigenproduzierten Serie „Ein Schloss am Wörthersee", die 1990 mit über sechs Millionen Zuschauern erfolgreich und in diesem Jahr zugleich als quotenstärkste Sendung von RTL startete. Auch Krimiserien gehörten zu den eigenproduzierten Serien der privaten Sender. Allerdings entsprachen die frühen Krimiserien noch nicht dem gewünschten Image der Sender. Mit der Einrichtung der Eigenproduktionsabteilungen hatten die privaten Sender auch Konzepte und Personal der öffentlich-rechtlichen Sendeanstalten übernommen (Wehn 1998, S. 29). So entstanden Serien, die genauso in der ARD oder im ZDF hätten gesendet werden können, da diese dem Charakter der dort ausgestrahlten Krimiserien sehr entsprachen[1]. Dieser Umstand konnte aber nicht dem Motto der privaten Fernsehsender gerecht werden, die schließlich „erfrischend anders" sein wollten.

---

[1] Siehe hierzu auch 3.1

2. Serienstarts – Boom der Krimiserien

1992 begann ein wahrer Boom an Serien, speziell im Bereich des Krimis, der – so scheint es – vor allem in den Jahren 1994 bis 1996 seinen Höhepunkt fand, sich aber bis in die Jahre 1997 und 1998 hineinzog, in denen private und öffentlich-rechtliche Sender insgesamt 15 Krimiserien auf den Markt brachten (Wehn 1998, S. 1). Viele der 1994 gestarteten Krimiserien liefen mangels Erfolg nur kurze Zeit.

Die meisten Literaturquellen weisen zwar auf den Krimiboom bei den Privaten und den damit verbundenen Veränderungen in diesem Genre hin, genauere Untersuchungen hat man aber bis heute – bis auf einige Teilthematisierungen – leider noch nicht durchgeführt.

Die Menge der Krimiserien mit die der Fernsehmarkt in den Jahren 1994 bis 1998 regelrecht überschwemmt wurde (Abbildung 1), hatte unweigerlich zur Folge, dass der Kultstatus, den einst Krimiserien wie „Derrick" oder „Der Alte" (beide ZDF) erreichten, nicht mehr erlangt werden konnte. Die „vereinte Krimination" gab es auf Grund des großen Angebots an Krimiserien nun nicht mehr.

Während RTL mit den neuen Serien eine klare Linie aufbauen konnte, ging diese Entwicklung an SAT.1 mehr oder minder vorbei. Die einzigen nennenswerten Erfolge konnten hier nur durch die Serien „Kommissar Rex" und „Wolffs Revier" erlangt werden.

> Irgendwann haben die Trefferquoten nicht mehr gestimmt. SAT.1 hat Anfang der 90-er Jahre eine unglaubliche Serienkompetenz gehabt. Die ist in den Jahren '94, '95 verspielt worden. Das ist alles, was mir persönlich leid tut. Man fing an, sich an den Erfolgsmustern der Vergangenheit zu orientieren. Die Serie hat sich nicht weiterentwickelt. Ich bin sauer, dass ein Teil der Serienkompetenz an RTL verspielt wurde. Warum waren wir, die absoluten Serienmarktführer in '93 und '94, nicht diejenigen, die zuerst eine Action-Serie ins Programm gebracht haben? Die die junge Serie entwickelt haben? (Fred Kogel in epd 93, 1996, S. 8)

RTL reagierte programmpolitisch gesehen schneller als SAT.1 und konnte sich somit die größeren Erfolge im Serienbereich sichern. PRO 7 spielte in diesem Konkurrenzkampf von Anfang ein nur eine kleinere Rolle. Der Sender sah und sieht sich als Spielfilm- und nicht als Serienkanal. Daher war der Anteil an fiktionalen Eigenproduktionen nur sehr gering.

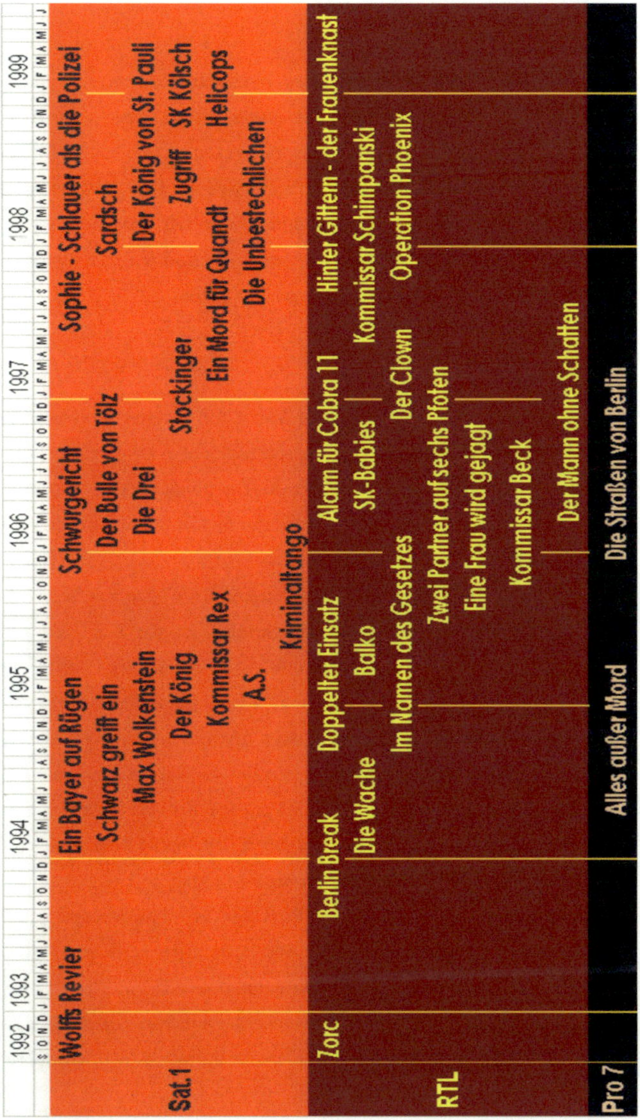

1992 1993 1994 1995 1996 1997 1998 1999

Sat.1

Wolffs Revier

Ein Bayer auf Rügen
Schwarz greift ein
Max Wolkenstein
Der König
Kommissar Rex
A.S.
Kriminaltango

Schwurgericht
Der Bulle von Tölz
Die Drei

Stockinger

Sophie - Schlauer als die Polizei
Sardsch
Der König von St. Pauli
Zugriff   SK Kölsch
Ein Mord für Quandt   Helicops
Die Unbestechlichen

RTL

Zorc

Berlin Break
Die Wache

Doppelter Einsatz
Balko
Im Namen des Gesetzes

Alarm für Cobra 11
SK-Babies   Kommissar Schimpanski
Der Clown   Operation Phoenix
Zwei Partner auf sechs Pfoten
Eine Frau wird gejagt
Kommissar Beck
Der Mann ohne Schatten

Hinter Gittern - der Frauenknast

Pro 7

Alles außer Mord

Die Straßen von Berlin

Abbildung 1

Auswahl an Krimiserienstarts der Sender SAT.1, RTL und PRO 7 von 09/1992 bis 10/1998

3. Entwicklungsphasen

Der Konkurrenzkampf um die höchsten Einschaltquoten forderte alle Sender zu neuen Innovationen heraus. Neue und herausragende Ideen mussten entwickelt werden, um das Interesse der Zuschauer zu wecken und zu halten. Im Bereich des seriellen Fernsehkrimis sind besonders drei Phasen der Entwicklung kennzeichnend. Diese sind jedoch nicht zeitlich einzustufen, da sie sich vom Verlauf her teilweise parallel entwickelten, sich aber auch gegenseitig ergänzten und durch Variationen sogar überschnitten und „Mischphasen" gebildet haben.

3.1 Formatimitation

In den Anfängen der eigenproduzierten Serien der privaten Fernsehsender wurden Konzepte und Personal (wie z.b. Drehbuchautoren oder Produzenten) von den öffentlich-rechtlichen Sendern übernommen. Die produzierten Serien erhielten den Charakter der Serien der öffentlich-rechtlichen Sender und entsprachen somit nicht dem gewünschten Image der privaten Sender.

Als Beispiel ist hier die erste eigenproduzierte Krimiserie von SAT.1 zu nennen: Wolffs Revier. Sowohl Inhalt, Dramaturgie als auch die Wahl der Schauspieler waren eng an das Konzept der öffentlich-rechtlichen Sender geknüpft. Nichtsdestotrotz blieb der Erfolg nicht aus – Wolffs Revier hat es auf z. Zt. über 130 Folgen gebracht, die mit über fünf Millionen Zuschauern und einem Marktanteil von rund 20 % in der Gruppe der werberelevanten 14-49-jährigen Zuschauer gute Quoten erzielt und auch die allgemeine Presse ließ positive Kritiken nicht aus, die der Serie „Charakter" bescheinigte[2]. Bereits nach der ersten Staffel konnte die Serie schon international vermarktet werden und ist derzeit in über 20 Ländern zu sehen. 1993 wurde der Serie der Adolf-Grimme-Preis für den Produzenten und alle drei Hauptdarsteller verliehen. Aber dies konnte alles nicht verhindern, dass man der Serie einen jüngeren Schliff geben musste, um dem Konkurrenzkampf um jüngere Zuschauer Stand zu halten. Mehr Actionanteil, ein neuer Vorspann, mehr Tempo durch mehr Szenen und Schnitte und ein jüngerer Partner an Wolffs Seite sollten dies ermöglichen.

---

[2] Vgl. Wehn 1998, S. 23

3.2 Action-Serien

Ein völlig neu geschaffenes Genre der privaten Sender war der eigenproduzierte Action-Krimi – im Prinzip auch nur eine neue Variation der bisherigen Krimiformate. An Stelle von Rechtsanwälten, Privatdetektiven oder Tieren (z.B. Kommissar Rex, SAT.1) traten nun die Fortbewegungsmittel der Ermittler in den Vordergrund. Autos, Motorräder und Hubschrauber rückten in den Mittelpunkt des Geschehens, zahlreiche Stunts beeindruckten von nun an den Zuschauer.

Den Anfang machte die überaus erfolgreiche Serie „Alarm für Cobra 11" (RTL), eine Produktion der Firma action concept unter der Leitung von Hermann Joha, die auch derzeit noch ausschließlich für RTL dreht und produziert. Hermann Joha importierte die verwendete Technik aus Los Angeles und setzte sie erstmals in Deutschland ein. Filmszenen konnten nun nachbearbeitet und perfektioniert werden. „Alarm für Cobra 11" startete 1996 mit über zehn Millionen Zuschauern und entwickelte sich zum Dauerbrenner. Obwohl die Stories eher flach und die Charaktere eher holzschnittartig angelegt, erlebt die Serie bis heute einen fast ungebrochenen Erfolg. Im Mittelpunkt stehen die halsbrecherischen Stunts à la Hollywood und pyrotechnische Höchstleistungen, kombiniert mit ein wenig Humor, der durch die Protagonisten in die Nebenszenen eingebaut wird.

So groß wie der Erfolg der Action-Serien waren aber auch die Produktionskosten. Lange Drehzeiten für die aufwendigen Stunts und der hohe Verbrauch an Autos ließen die Kosten in die Höhe schnellen, die von den Sendern refinanziert werden mussten. „Die Actionserien sind ein reinrassiges Produkt der kommerziellen Sender. Bei jeder Folge von „Cobra 11" können alleine die Stunts über 800.000 Mark kosten." (Hermann Joha in TV Spielfilm 7/2000, S. 32). Diese Problematik bekam man jedoch recht schnell in den Griff, denn die Serien ließen und lassen sich gut ins Ausland verkaufen. „Alarm für Cobra 11" läuft in zahlreichen west- und osteuropäischen Ländern bis hin nach Mexiko. Zudem wurden zahlreiche Möglichkeiten entwickelt die teuren Stuntszenen optimal mehrfach zu verwenden. Dies geschieht entweder in der Serie selbst, z.B. durch Zeitlupe oder mehrfaches Zeigen des Stunts aus unterschiedlichen Perspektiven, bzw. der Vermarktung der Stuntszenen in eigenen Sendungen wie z.B. „Stuntteam" (DSF) oder Making Ofs in denen sich der Sender selbst zelebriert.

RTL ist es gelungen sich mit dem Genre „Action" eine eigene Programmfarbe zu schaffen. Durch geschickte Vernetzung und Programmierung der Serien wurden weitere Actionserien in den Erfolgssog der Serie „Alarm für Cobra 11" mit hinein gezogen. So wurden Darsteller in den Serien untereinander ausgetauscht bzw. traten in der Rolle der Serie auf in der sie normalerweise zu sehen waren. Durch Sendeplatztausch und senden der Serien in Folge konnten die Zuschauer auch an neue Serien herangeführt und gehalten werden. Ein besondere Coup gelang RTL mit der Verlegung der Serie „Alarm für Cobra 11" von Dienstag auf Donnerstag. „Der Clown" wurde erfolgreich auf den Dienstag platziert und der durch Margarete Schreinemakers geschwächte Donnerstag erhielt neuen Aufschwung durch weitere Actionserien wie „Balko" und „Im Namen des Gesetzes". Zugleich gelang damit RTL auch ein Schlag gegen SAT.1: Die neue Actionserie „Zugriff", die hier ebenfalls donnerstags ausgestrahlt wurde, verlor nach schlechtem Start kontinuierlich Zuschauer (Wehn 1998, S. 32).

Die neuen Actionserien brachten zudem neue Sendeformate zu Tage. Bevor die Serien als Serienformat auf den Bildschirm kamen, wurden sie zumeist erst durch einen Pilotfilm getestet. Ein Zeichen für die kurze Bewährungsfrist die man den Serien einräumte bzw. einräumen konnte. Später ließ sich auf Grund der Erfolge der Serien eine Gegenentwicklung beobachten: Aus den erfolgreichen 45-minütigen Serien wurden wieder Episoden in Spielfilmlänge, diesmal um den Serienerfolg zu feiern (z.B. „Balko"). Im Herbst 2002 wird auch die neue Staffel der Serie „Alarm für Cobra 11" mit einer Episode in Spielfilmlänge ebenfalls erneut im Programm auftauchen.

Wie sehr der Fernsehmarkt allein mit Actionserien regelrecht überflutet wurde, sieht man daran, dass nur auf RTL zeitweise an bis zu drei Abenden in Woche „Action made in Germany" zu sehen war. Kritische Stimmen der Konkurrenz warfen RTL eine Überreizung und Ausschlachtung des Genres vor. Dies wird auch heute noch bei erfolgreichen Formaten oft praktiziert, schaut man sich die erfolgreich gewesenen Talk- und die zur Zeit erfolgreichen Gerichtsshows an. Einbrüche in den Erfolgsgeschichten der jeweiligen Formate sind auf Dauer nicht zu verhindern, was sich auch im Bereich des Genres Serienkrimi teilweise nicht verhindern ließ.

3.3 Verbreiterung des Genres

Mit der Verbreiterung des Genres erlebt der Krimi im Privatfernsehen wiederum eine neue Variation. Es handelt sich hierbei um die Serien, die speziell auf einen Charakter ausgerichtet wurden (z.B. „Der Bulle von Tölz" mit Ottfried Fischer,

SAT.1), aber auch um die, deren Handlungen bzw. deren Handlungswelt eindeutig bestimmt wurde und in den Mittelpunkt der Serie gerückt wurde. Ältere Protagonisten, attraktive Schauplätze, Lokalkolorit und Comedy prägten hierbei entscheidend den Charakter der Serien, teilweise mit unmittelbaren, ungeahnten Auswirkungen, wie z.b. der touristische Zulauf am Drehort der Serie „Der Bulle von Tölz". SAT.1 erreichte mit diesen „Heimatformaten" zwar hohe Einschaltquoten, leider aber nicht in der heiß umworbenen werberelevanten Zielgruppe der 14-49-jährigen Zuschauer. Somit verschwanden nach und nach viele dieser Serien wieder vom Bildschirm. Die Serien, die im Programm verblieben, mussten „Verjüngungskonzepte" hinnehmen, um dem Konkurrenzkampf nach jüngeren Zuschauern gerecht zu werden.

4. Krimis im Privatfernsehen

1984 wurde in Deutschland das Duale Rundfunksystem eingeführt. Dies hatte unweigerlich Konsequenzen für die gesamte Fernsehlandschaft zur Folge, es vollzog sich ein regelrechter Paradigmenwechsel. Das Fernsehen, was bis zu diesem Zeitpunkt mit einem Kulturauftrag für die Gesellschaft als Medium agierte, entwickelte sich nun zu einem großen Wirtschaftsmedium. Der Konkurrenzdruck zwang die öffentlich-rechtlichen Sender zum Handeln. Den Zuschauern stand plötzlich eine freie Programmauswahl zur Verfügung. Man war nicht mehr gezwungen ausschließlich öffentlich-rechtliches Fernsehen zu schauen. Die privaten Sender mussten sich auf Grund ihrer Abhängigkeit von der Werbewirtschaft zwangsläufig mit ihrem Programm an die Bedürfnisse der Zuschauer anpassen. Neben der Funktion des Informationsmediums gewann das Fernsehen daher eine bedeutende Rolle hinzu: die des Unterhaltungsmediums. Dr. Helmut Thoma erklärte das Programmkonzept und zugleich die Erfolge seines Senders RTL deshalb wie folgt: „Herz-Schmerz, Romantik mit ein bisschen Kalauer, ein Happy-End und Sex, bei dem man nicht viel erklären muss."

Es wurde ab nun mit einem anderen Maßstab, einem anderem Wert gemessen: an der Quote – an jungen und konsumorientierten Zuschauern im Alter von 14 bis 49 Jahren. Dies hatte für alle Fernsehsender erhebliche finanzielle Auswirkungen: Steigender Programmbedarf und steigende Programmkosten waren die Folgen. Dies hat sich im Wesentlichen bis heute nicht geändert, durch den wachsenden Konkurrenzkampf um die Quote sind immer neue Investitionen in die Programmpolitik unumgänglich geworden.

Vor allem die privaten Sender mussten Strategien entwickeln, um das jüngere Publikum anzusprechen und als Zuschauerschaft zu gewinnen. Den Sendern war eine charakteristische Programmfarbe wichtig, eine Senderidentität, die den Sender unverwechselbar machte und fähig war den Zuschauer an sich zu binden. Wichtigste Errungenschaft in diesem Prozess war die Einrichtung von Eigenproduktionsabteilungen[3].

Der Krimi als erfolgreiches Genre spielte hierbei eine wichtige Rolle. Er entwickelte sich zum zentralen Element des Fernsehens. Unter dem Konkurrenzdruck zwischen öffentlich-rechtlichen und den privaten Sendern hat er

---

[3] Siehe hierzu auch 1.

sich sehr rasant weiterentwickelt. Das Überangebot an Fernsehkrimis stellte beide Seiten unter einen hohen Innovationsdruck. Einzig das Herausragen aus der Masse konnte die Bindung der Zuschauer an bestimmte Serien bewirken. Hierzu wurden schon sehr früh verschiedenste Variationsformen ausgetestet. Häufig wurden amerikanische Serien zum Vorbild genommen. Man schrieb die Story auf deutsche Orte und Verhältnisse um und passte sich so dem Geschmack der Zuschauer an. Eine andere Vorgehensweise war die des „Recyclings". Serien aus den 50-er oder 60-er Jahren wurden schlicht neu aufgepeppelt. Hinzu kamen sogenannte „Spin-Offs", d.h. Figuren einer Serie wurden für eine eigene Serie ausgegliedert (z.b. Stockinger aus Kommissar Rex, SAT.1). Zahlreich ausgestrahlte Specials zu Weihnachten oder anderen besonderen Gelegenheiten ergänzten das Variationsspiel der Krimiserien. Häufig hielt man sich aber auch einfach nur an die Konkurrenzprodukte und kopierte die Serien ohne größere Veränderungen vorzunehmen.

In den 90-er Jahren sah man die Variationsmöglichkeiten vorwiegend im Austausch der Ermittlerfiguren und deren Berufen. Die Krimiserien entwickelten sich also in anderer Hinsicht weiter – inhaltsbezogene Veränderungen der Protagonisten und der Handlungen gewannen Vorrang. Es gab nicht mehr nur die typisch asymmetrisch angelegten Protagonisten. Vielmehr kamen nun gleichberechtigte Teams und Partner als Polizisten, Privatdetektive, Staatsanwälte, Rentner, Pfarrer, Hunde und Affen zum Einsatz. Eine weitere interessante Veränderung bei den Ermittlerfiguren war der hohe Frauen- und Ausländeranteil z.B. in den Serien „Doppelter Einsatz" und „SK-Babies" (RTL) (Brück 1996, S. 22ff).

Die Nebenstorys im Handlungsverlauf erhielten zudem einen höheren Stellenwert. Neben ihrem Beruf schlugen sich die Ermittler jetzt auch noch mit privaten Erziehungs- und Beziehungsproblemen rum. Nicht selten hatte Wolff aus „Wolffs Revier" (SAT.1) mit der Lösung eines Falles weniger Probleme als mit der Erziehung seiner Tochter. Die persönlichen Entwicklungen wurden parallel zum Verlauf der Aufklärung des Falles eingefügt und bauten damit die ganze Serie in ihrer Entwicklung aus. So wurden die einzelnen Folgen der Serie gut verknüpft, trotzdem blieb jede einzelne Folge eigenständig und konnte auch ohne das Hintergrundwissen aus den vorangegangenen Folgen verstanden werden. Die Attraktivität für regelmäßige Zuschauer bzw. für regelmäßiges Zuschauen wurde damit erhöht. Durch die Aufhebung der Grenze von Berufs- und Privatleben und der Platzierung der Delikte im direkten Handlungsumfeld der Ermittler traf man bei den

Zuschauern ins Schwarze: mehr Emotionalität und eine stärkere Identifikation mit der oder den Ermittlerfiguren war gewünscht. Zum Teil reichten die Ausführungen des gesellschaftlichen Lebens in verschiedenen Krimiserien so weit, dass die Definition für eine reine Krimiserie schon fast nicht mehr gegeben war (z.B. „Auf eigene Gefahr", ARD). Die Ermittlerrollen und -handlungen wurden zunehmend unkonventioneller. Private Schwierigkeiten, unübersichtliche Lebensverhältnisse, lässige Kleidung, legale und illegale Ermittlungsmethoden prägten die Protagonisten. Mittelpunkt war nicht mehr der Ermittler in seiner Funktion als Mitglied der Exekutive sondern der Ermittler in seiner gesellschaftlichen Rolle. Somit wurden nicht nur Variationsgrenzen innerhalb des Genres Krimi aufgehoben, sondern auch Grenzen zu anderen Genres. Man erreichte somit ein breiteres Publikum, das sich mit den Serien besser identifizieren konnte.

Die Krimis reflektierten somit die Senderimages und die anvisierte Zielgruppe. RTL wollte sich als erfrischend anders sehen und strebte ein junges und actionreiches Programm an. Mit jungen Protagonisten und den actiongeladenen Serien gelang es dem Sender hohe Marktanteile zu erzielen. Bei SAT.1 wurde der Schwerpunkt eher auf ein massenattraktives, für die ganze Familie sehbares und heimatorientiertes Programm gelegt. Demnach waren die Protagonisten charakteristisch eher behäbiger, betulicher, oft älter und in attraktiven Schauplätzen platziert (Wehn 1998, S. 25). PRO 7 orientierte sich von Anfang an an den amerikanischen Kinofilmen, was sich in den Serien wie z.B. „Die Straßen von Berlin" niederschlug. Nach RTL ist PRO 7 mit dieser, an der Jugend orientierten Strategie, Marktführer bei den jungen Zuschauern.

5. Literatur-/Quellenverzeichnis

Brück 1996
BRÜCK, Ingrid: *Einem Erfolgsgenre auf der Spur: Forschungsstand und Auswahlbibliographie zum westdeutschen Fernsehkrimi.* 1996.
http://www.medienkomm.uni-halle.de/forschung/publikationen/halma4.shtml [Stand: 28.05.2002]

Brück u.a. 1998
BRÜCK, Ingrid; GUDER, Andrea; VIEHOFF, Reinhold; WEHN, Karin: *Krimigeschichte(n). Zur Entwicklung des deutschen Fernsehkrimis.* In: Fernsehforschung in Deutschland. Themen – Akteure – Methoden. Herausgegeben von Walter Klingler, Gunnar Roters, Oliver Zöllner. Nomos Verlagsgesellschaft, Baden-Baden, 1998.

Brück 1999a
BRÜCK, Ingrid: „Suche nach dem Krimihelden 2000." In: FUNKKORRESPONDENZ, (1999), H. 2, S. 3-11).

Brück 1999b
BRÜCK, Ingrid: *Verbrechensdarstellung im deutschen Fernsehkrimi.* Anmerkungen zur aktuellen Situation. In: Verbrechen – Justiz – Medien. Konstellationen in Deutschland von 1900 bis zur Gegenwart. Herausgegeben von Joachim Linder und Claus-Michael Ort in Zusammenarbeit mit Jörg Schönert und Marianne Wünsch. Sonderdruck aus: STSL 70, Max Niemeyer Verlag, Tübingen, 1999.

Cippitelli u.a. 1998
CIPPITELLI, Claudia; SCHWANEBECK, Axel (Hrsg.): *Das Mord(s)programm.* Krimis und Action im deutschen Fernsehen, Frankfurt/Main 1998.

Compart 2000
COMPART, Martin: *Crime TV.* Lexikon der Krimi-Serien. Berlin 2000.

Straßer 2000
STRAßER, Gabi: *Legitimierungsstrategien des Fernsehens.* Programmverantwortliche im Spannungsverhältnis von Programmauftrag und Ökonomie. Deutscher Universitäts-Verlag, Wiesbaden, 2000.

Wehn 1998
WEHN, Karin: *Krimitraditionen im Überblick – Der deutsche Fernsehkrimi im dualen Rundfunksystem.* 1998.
http://www.medienkomm.uni-halle.de/forschung/publikationen/halma9.shtml [Stand: 28.05.2002]

Wirtz 1994
WIRTZ, Bernd W.: *Neue Medien, Unternehmensstrategien und Wettbewerb im Medienmarkt.*
Frankfurt a. M., 1994.